BASTION

BASTION

ELVIRA SASTRE

TRANSLATION BY GORDON E. MCNEER

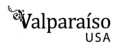

Valparaíso
USA

Number 3 in the VALPARAÍSO POETRY COLLECTION,
Directed by GORDON E. MCNEER

Collection Design: Chari Nogales

Cover Design: Adriana Moragues
Format: Daniel Fajardo

First Edition: October 2015
© Spanish text: Elvira Sastre Sanz
© English text: Gordon E. McNeer
© Valparaíso Editions USA
      165 Derrick Street
      Clayton, GA 30525 USA

ISBN: 978-0-9909241-2-8

Printed in the United States of America

A mis padres, a mi hermana, a mi familia y a Andrea por cobijarme.
A Benjamín por su mano en el camino.
A la vida por plantarme cerca a Adriana: la flor más bonita del jardín.
A quien sabe que la poesía es un camino de espinas
que termina en rosa.
A quien me lo enseñó.

To my parents, my sister, my family and to Andrea for sheltering me.
To Benjamín for lending a hand along the way.
To life for planting Adriana – the most beautiful flower in the garden – next to me.
To whoever knows that poetry is a road full of thorns
that ends in a rose.
To the one who showed me that.

COMO QUIEN SE QUIERE A SÍ MISMO
QUERIENDO A QUIEN AMA

Y si me hubieras encontrado limpia,
sin mala conciencia,
sin pena en el sueño,
sin mordiscos de otras arraigados en mis hombros.

¿Me habrías bañado de madrugada,
lamido las legañas,
peinado mi insomnio,
acariciado mis manos arrugadas con tus dientes?

Y si me hubiera vestido
de algo parecido a ti,
si te hubiera mentido contándote mis verdades,
si te hubiera dicho que eras la única
y no la primera.

¿Me habrías desnudado con los ojos cerrados
y las manos expertas,
besado mientras te hablaba de mi vida,
igualado en el pedestal
tu nombre y el mío
y hecho de este un amor a la par?

Y si me hubiera vendido
como el amor de tu vida,
si te hubiera comprado

LIKE SOMEONE WHO LOVES HERSELF
LOVING THE ONE SHE LOVES

If you had met me pure,
without a bad conscience,
without sorrow in my dreams,
without bites from others rooted in my shoulders.

Would you have bathed me in the morning light,
licked the sleep from my eyes,
stroked my insomnia,
caressed my hands wrinkled up by your teeth?

And if I had dressed up
in something to look like you,
if I had lied to you telling you my truths,
if I had told you that you were the only one
and not the first.

Would you have undressed me with your eyes closed
and your expert hands,
kissed while I told you about my life,
placed your name and mine
on a pedestal
and made this a love between equals?

And if I had sold myself
as the love of your life,
if I had bought you

como el amor de la mía.

¿Nos habríamos enamorado
como quien se quiere a sí mismo
queriendo a quien ama?

as the love of mine.

Would we have fallen in love
like someone who loves herself
loving the one she loves?

TRES MIL LATIDOS Y
DOSCIENTOS LITROS DE SANGRE

Si pudiera multiplicarme
pasearía contigo
dándote las dos manos.

Quiero decir,
si pudiera ser dos yo,
yo dos veces
– entiéndeme – ,
un alma repetida
como el rizo que se enredara entre dos dedos
y pareciera un meñique
o los labios
que abrieran paso a una lengua
que precediera a un beso
que se duplicara buscando la eternidad,
colonizaría tu hoy y tu mañana,
te esperaría donde estarías
y donde querrías estar,
te extrañaría
viendo cómo tus besos crean goteras en mis pestañas
y al mismo tiempo te dibujaría labios
llenos de saliva
en el centro de tu dedo corazón.

Si pudiera redoblarme
nos observaría desde fuera
como quien mira a los ojos de la muerte:
con envidia.

THREE THOUSAND HEARTBEATS AND
TWO HUNDRED LITERS OF BLOOD

If I could only multiply myself
I would walk along with you
holding both of your hands.

I mean,
if I could be two mes,
me twice,
– understand me –,
a soul repeated
like the curl that is trapped between two fingers
and looks like a pinky
or lips
that make way for a tongue
that precedes a kiss,
that replicates itself in search of eternity,
I would colonize your today and your tomorrow,
I would wait for you wherever you might be,
and where you would want to be,
I would miss you
seeing how your kisses create droplets on my eyelashes
and at the same time I would draw lips
wet with saliva
around your middle finger.

If I could only double myself
I would observe us from the outside
like someone who looks at the eyes of death:
with envy.

Si pudiera estar aquí y allí
estaría en ti y en ti,
prendería fuego a Troya
mientras te regalo París,
te miraría dormir
y al mismo tiempo soñaría contigo.

Ya sabes a lo que me refiero,
si pudiera engañar a las coordenadas
crearía un mapa donde solo cupieran
tus dedos de los pies
y esta necesidad mía de seguirte a todas partes.

Si pudiera ser la misma en dos mitades,
amor,
te vestiría con el mismo nerviosismo
con el que me dejas desnudarte,
limaría mis errores
para que el tropiezo fuera suave
y sería a la vez precipicio e impulso
de todos tus miedos y sueños.

Si pudiera,
mi amor,
convertiría todo lo que ahora es singular
en plural.

Pero no puedo,
así que has de conformarte
con lo único que puedo hacer:
quererte

If I could be here and there
I would be in you and in you,
I would set fire to Troy
while I give you Paris,
I would look at you sleep
and at the same time dream about you.

You already know what I'm talking about,
if I could trick the coordinates
I would create a map where there was only room
for your toes
and this craving of mine to follow you everywhere.

If I could only be the same one in two halves,
love,
I would cloak you in the same excitement
that you let me undress you in,
I would smooth over my blunders
so that the landing would be a soft one,
and I would be both precipice and impulse
for all your fears and dreams.

If only I could,
my love,
I would turn everything that is singular
into plural.

But I can't,
so you'll have to settle for
the only thing that I can do:
love you

– no el doble, ni por dos, ni al cuadrado,
sino con la fuerza de un ejército
de tres mil latidos y doscientos litros de sangre
que queriéndote dar más de lo que tiene
te da todo lo que es – .

– not a double, or times two or squared,
but with the strength of an army
of three thousand heartbeats and two hundred liters of blood
that wanting to give you more than it has
gives you everything that it is –.

Día Uno sin ti:
te echo tanto de menos que en mi reloj aún es ayer.

Day One without you:
I miss you so much that it's still yesterday on my watch.

OH DIOS

[Odio
casi como quiero.]

Odio que llueva
y que el sol evapore los charcos
y el calor seque mi cuerpo
sin dejar espacio al frío.

Odio alimentarme de restos
de todo lo que fue:
moribundos,
insaciables,
apenas laten pero resuenan como vivos.

Odio el frío:
solo es una excusa
para llamar a tu abrazo,
odio
llorar
sin poder contártelo
 – como quien se masturba
en soledad
y sin fantasmas – ,
odio dormir por inercia
y no por agotamiento.

Odio
mi falta de presencia ante los destellos,
esta incapacidad mía
al intentar atrapar las estrellas fugaces

OMG

[I hate
almost like I love.]

I hate that it rains
and that the sun evaporates the puddles
and the heat dries off my body
without leaving room for the cold.

I hate to feed myself on the remains
of everything that was:
the moribund,
the insatiable,
they barely have a pulse but they resonate like the living.

I hate the cold:
it's only an excuse
to call out for your embrace,
I hate
crying
without being able to tell you why
– like someone who masturbates
alone
and without ghosts –,
I hate sleeping from inertia
and not from exhaustion.

I hate
my lack of participation in the face of brilliance,
this inability of mine
trying to catch shooting stars

y obligarlas a quedarse,
repeler
todo aquello que signifique abrazarme
por si me daña.

Odio
poder decidir sobre mi muerte
mientras la vida aparece y desaparece
cuando le da la puta gana.

Odio
desconocerme cuando recupero mi pasado
— estoy hecha
de un bucle que rechazo y repito — .

Odio
tanto
que no sé odiar.

[Odio
muchas cosas.
Pero a ti no podría odiarte.

Porque odio
casi como quiero.

Y contigo
siempre he sido
a doble
o nada.]

and force them to stay,
fighting off
everything that might mean closeness
because it might hurt me.

I hate
being able to choose my death
while life appears and disappears
when it freaking feels like it.

I hate
not recognizing myself when I revisit my past
– I've formed
a circuit that I reject and repeat –.

I hate
so much
that I don't know how to hate.

[I hate
lots of things.
But you I couldn't hate.

Because I hate
almost like I love.

And with you
I have always been
about double
or nothing.]

COMO UNA BALADA DE EXTREMODURO

Vivir el amor
como si fuera una balada de Extremoduro.

Besar cuerpos
como si fuera de ahí solo hubiera un precipicio
donde algo amenazara con arrancarnos la boca.
Como si nos dieran a elegir,
como Montero,
entre sus labios o la vida.

Caminar
poniendo punto y seguido a todas las huellas.
Dejar las comas
y puntos finales
para contarlo.

Olvidar
de mentira,
lo justo para convertir desamores en recuerdos.

Llorar
hasta secarnos
y reír
hasta volver a mojarnos por dentro.

Morir
creyendo en la resurrección.
Resucitar
creyendo en la muerte.

LIKE A BALLAD FROM EXTREMODURO

To live love
as if it was a ballad by Extremoduro.

To kiss bodies
as if anywhere else there was only a precipice
where something threatened to rip out our throats.
As if they made us choose,
like Montero,
between her lips or life.

To walk,
putting a period after every footstep.
To leave commas
and final periods
to tell it all.

To forget,
but not really,
just enough to turn bad feelings into memories.

To cry
until running out of tears
and to laugh
until refreshing our spirits within.

To die,
believing in the resurrection.
To revive,
believing in death.

Enmudecer
apreciando en el silencio otra forma de hablar,
aceptando el ruido del mutismo,
abrazando la belleza que guarda el latido de
                    un corazón silente.

Pensar
como quien sueña:
a través de un pulso callado entre deseo y realidad.

Perder − y perderte −
queriéndote lo suficiente
para poder encontrarte cuando desees parar.

Sobrevivir
sabiendo que ayer nunca volverá,
mañana nunca llegará
y hoy siempre será.
Tocar los días
como si tuviéramos guardados cinco orgasmos
en cada mano.

Luchar
enseñando el dedo corazón
a todos aquellos que no saben amar.

Escribir
como quien sabe que jamás tendrá la última palabra
pero sí la única.

To grow quiet
appreciating in silence another form of speaking,
accepting the sound of stillness,
embracing the beauty that the beating of a
                                hushed heart retains.

To think
like someone who dreams:
across a pulse silenced between desire and reality.

To lose − and to lose you −
loving you enough
to be able to find you whenever you want to rest.

To survive
knowing that yesterday will never return,
tomorrow will never arrive,
and today will always be.
To touch the days
as if we had five orgasms stored up
in each hand.

To fight
flipping off
all of those who don't know how to love.

To write
like someone who knows that she will never have the last word,
but for sure the only one.

Día Dos sin ti:
no salgo de la cama,
aún estás conmigo, tan guapa,
aunque sea en mis pesadillas.

Day Two without you:
I don't get out of bed,
you're still with me, so pretty,
even though it's in my nightmares.

ESTE PUTO MILAGRO DIVINO

Yo
que siempre pestañeo
cuando pasan estrellas fugaces,
que lloro viendo anochecer en el mar
o escuchando a Ludovico Einaudi
porque me siento
incapaz
de
abarcar
tanta
belleza
y eso me llena de tristeza,
que tengo un corazón en dos por cuatro
y un silencio entre los labios,
que temo más a la oscuridad
que a los monstruos,
que no pertenezco a ningún lugar
porque abandoné mi casa
para cohabitar con mi existencia
y debo mil facturas,
que no confío en quien me quiere
por no salir de mi rutina,
que escribo
porque no soporto mi ruido
y todo lo demás es adorno.

Yo
que curo al alcohol
con mis heridas,
que nunca aprendí a ser feliz

THIS FREAKING DIVINE MIRACLE

I
who always blink
when shooting stars go by,
who cry seeing night fall over the sea
or listening to Ludovico Einaudi
because I feel
incapable
of
taking in
so much
beauty
and that fills me with sadness,
who have a heart in pieces
and a silence on my lips,
who fear darkness more
than monsters,
who don't belong anywhere
because I left my home
to cohabit with my existence
and I have a thousand bills,
who don't trust the one who loves me
in order not to break with my routine,
who write
because I can't stand my own noise,
and everything else is adornment.

I
who cure alcohol
with my wounds,
who never learned to be happy

más allá de mí misma,
que me resulta imposible
mirar a otros ojos más de tres segundos
porque me aterra ser descubierta,
que no sé mentir
pero desconozco cuándo digo la verdad,
que echo de menos mi futuro
y así con todo,
que soy tan minúscula como el punto de una i
y prescindible como una exclamación de apertura,
que te quiero más pero siempre después de ti.

Yo
que nunca creí en el cielo
ni en la salvación
y que concibo la redención
como un fantasma o un recuerdo...

Permíteme confesarte
a ti,
ángel subido a mi pecho:
que de repente vi tus brazos salados
abriéndose como dos nubes de agua,
tu busto sinfónico inflándose
como un huracán dentro de un volcán en erupción,
tus ojos espumosos destapándose
como las puertas de mi fe ante las certezas,
tu boca llenándose de mandamientos
impenetrables como rocas milenarias,
tus piernas benévolas empapando
mi suelo de flores anacaradas,

beyond myself,
who find it impossible
to look at another pair of eyes for more than three seconds
because it terrifies me to be caught,
who don't know how to lie
because I don't know when I am telling the truth,
who miss my future
as well as everything else,
who am as tiny as the dot on an i
and dispensable as an opening exclamation mark,
who love you more but always following your lead.

I
who never believed in heaven
or in salvation,
and who conceive of redemption
as a ghost or a memory...

Let me confess
to you,
angel arisen in my heart:
whose graceful arms I suddenly saw
coming forth like two clouds of water,
your symphonic breast welling up
like a hurricane within an erupting volcano,
your sparkling eyes opening up
like the doors of my faith before certainty,
your mouth filling with precepts
impenetrable like ancient rocks,
your bountiful legs drenching
my earth with iridescent flowers,

tus dedos silentes ahogándose
entre esdrújulas arrítimicas, marítimas y selváticas,
tu voz glorificada disparando
amor a mis labios resecos y perdidos...

...y aún no me creo este puto milagro divino.

your gentle fingers drowning
among arrhythmic, maritime and idyllic dactylics,
your heavenly voice offering
love to my withered and forlorn lips...

...and I still don't believe in this freaking divine miracle.

UN SUEÑO

El resto del mundo buscaba las respuestas.
Ella tenía las preguntas.

Era un domingo con etiqueta de fiesta
de sábado enredado en nostalgia.

Yo caminaba sola,
a caballo entre mi cansancio
y la esperanza que te ordenan tener,
mirando al suelo
 − siempre −
para no perder detalle
de la belleza de las cosas que son más pequeñas
que nosotros.

No sabía dónde iba:
estaba atrapada entre una huida que acababa
siempre liberándome
y una libertad que me volvía presa de mí misma.

De repente
empezó la lluvia
y,
como si fuera una banda sonora programada
de una de esas estúpidas películas felices
o el tiro que indica la salida de la carrera de tu
vida hacia la muerte,
levanté la mirada
y fui testigo de cómo Gran Vía guardaba silencio,

A DREAM

Everyone else was looking for the answers.
She had the questions.

It was on a Sunday with all the trappings
of a Saturday celebration tangled up in nostalgia.

I was walking alone,
divided between my weariness
and the hope that they tell you to have,
looking at the pavement
– always –
so as not to miss out on one detail
of the beauty of the things that are smaller
                    than us.

I didn't know where I was going:
I was trapped between a flight that always
                    wound up freeing me
and a freedom that turned me into my own prisoner.

Suddenly
it began to rain
and
as if it was a sound track programmed
for one of those stupid happy movies
or the shot that marks the start of your
                    life's race toward death,
I looked up
and witnessed how Gran Vía had become quiet

como calla quien no sabe qué decir ante lo que
                 es más grande que él.

Ella.
Así, con mayúscula,
como se escribe Lluvia, Invierno y Tristeza
o Pájaro, Amor y Saliva.
Ella.

Paseaba despacio,
se la veía tan segura
de que el mundo dependía en ese momento de sus pies
que la prisa no entraba en sus pasos.

Sonreía a solas,
como un prodigio animal en medio de una selva humana.
Parecía que decía:
idiotas, la solución a todo está en nuestras bocas.

Zarandeaba sus manos
buscando algún tipo de herida,
tenía los ojos de color café batalla
y en el pelo un millar de caricias en marzo.
Su pecho parecía batirse en retirada a cada latido
y sin embargo era fácil entender que era el aire
el que la respiraba a ella.

Miraba al horizonte:
cualquiera en su loco juicio
hubiera dicho de ella que tenía todas las preguntas,
que era una niña perdida
que había venido a salvar(me d)el mundo

like someone who doesn't know what to say falls silent
                    before what is much greater than him.

She.
Like that, in upper case,
as you would write Rain, Winter and Sadness
or Bird, Love and Saliva.
She.

She was walking slowly,
she seemed so sure
that the world depended at that moment on her feet
that haste didn't enter into her footsteps.

She was smiling to herself,
like a wondrous animal in the midst of a human jungle.
It seemed that she was saying:
fools, the solution for everything is on our lips.

She moved her hands about
searching for some type of wound,
she had weary brown eyes,
and in her hair a thousand springtime caresses.
Her breast seemed to beat a retreat with each heartbeat,
and nevertheless it was easy to understand that it was the air
that was breathing her in.

She was looking at the horizon:
anyone out of his mind
would have said that she had all the questions,
that she was a lost child
who had come to save (me from) the world

porque nunca lo sabría,
que probablemente habría nacido en una nube
y se marcharía con la próxima tormenta
con el resto de todas esas historias
que violan con violencia vidas.

A través del deseo
de querer besarle los párpados,
me di cuenta de que era uno de esos seres
que jamás,
ni aun empeñando tu empeño,
podrías llegar a conocer.

Era una de esas maravillas
que te hacen querer ser humano.

Juro que no exagero
si os digo que todo mi invierno se concentró en su cara,
que la lluvia era más pequeña que ella
 – igual que mi corazón,
los árboles y la contaminación de Madrid – ,
que nada tienen que hacer las mariposas y los terremotos
cuando ella pestañea,
que la miré como si Gran Vía fuera el diluvio universal
y Noé la hubiera señalado solo a ella.

Que la vida
puede durar un cruce de miradas
en medio de una tormenta.
Y os aseguro que eso es un regalo,
eso es más que suficiente.

because she would never know,
that she had probably been born in a cloud
and would leave with the next storm
with the rest of all those stories
that violate lives violently.

Beyond the desire
of wanting to kiss her eyelids,
I realized that she was one of those beings
that you could never,
try as you might,
get to know.

She was one of those marvels
that make you want to be human.

I swear that I'm not exaggerating
if I tell you that my entire winter focused on her face,
that the rain mattered less than her
– as did my heart,
the trees and the pollution in Madrid –,
that butterflies and earthquakes are out of work
when she blinks,
that I looked at her as if Gran Vía were the biblical flood
and Noah had chosen only her.

Life
can transpire in an exchange of glances
in the middle of a storm.
And I assure you that is a gift,
that is more than sufficient.

E igual que apareció
se marchó:
como quien camina de puntillas
y provoca estampidas de latidos.
Disimulando,
como si no creyera en la poesía
y pensara que todo lo que no se dice en voz alta
no existe.
Como un secreto,
ignorante de que son silencios
que hacen más ruido que la verdad.

Y yo la dejé irse,
sin nombrarla,
para no romper su existencia.

And just as she appeared
she left:
like someone who walks on tiptoes
and provokes a stampede of heartbeats.
Dissimulating,
as if she didn't believe in poetry
and she thought that what isn't said out loud
doesn't exist.
Like a secret,
unaware that there are silences
that make more noise than the truth.

And I let her go on her way,
without naming her,
so as not to infringe on her existence.

Día Tres sin ti:
no llamas
y todo, las canciones mi cama
la pena mi pecho tu nombre mi nombre con el tuyo
tus fotos mis trozos nuestros restos,
comunica.

Day Three without you:
you don't call
and everything, songs my bed
sorrow my breast your name my name with yours
your pics my scraps our stuff,
no answer.

PERO ERES TÚ. PERO SOY YO

Es como si bailaras al son de una canción que detesto
pero eres tú,
y te imagino tormenta.

Es como si rezara a un dios en el que no crees
pero soy yo,
y te arrodillas.

Me arde en las manos este deseo de tocarte,
se me han deshecho los dientes, muertos de pena:
mi boca es un barrizal sin tu saliva.

Me duele el pecho por tenerte tan lejos dentro
                    de mi costado,
me estoy enterrando en la zanja que nos separa
y creo que quiero seguir viva.

Si
go
res
pi
ran
do.

Y te pongo detrás
...para que me des impulso.

Lo cierto es,

BUT IT'S YOU, BUT IT'S ME

It's as if you were dancing to the sound of a song that I detest,
but it's you,
and I picture you as a storm.

It's as if I were praying to a god that you don't believe in,
but it's me
and you get down on your knees.

This desire to touch you burns in my hand,
my teeth have crumbled, dying of sorrow,
my mouth is a quagmire without your saliva.

My breast aches from having you so far away
                            from my side,
I'm burying myself in the ditch that separates us,
and I think I want to go on living.

I
go
on
bre
ath
ing.

And I'll put you behind
...so that you'll send me on my way.

What's certain is,

mi jodido amor,
que mi futuro te sigue desvistiendo a dos manos,
que dejo la ventana abierta
para que olvides los portazos,
que no sé si me pesan más las ojeras
                    o el sueño
pero sigo tumbada al lado de tu hueco y me
                    levanto tan dolorida,
mi bella muerte,
que mi madre no deja de preguntarme quién me duele
y no me entiende cuando le señalo mi garganta,
que necesito que me digas que no te vas a ir nunca
mientras te vas,
que necesito que me digas que te vas para siempre
mientras te quedas.

Pero salta,
bendita tristeza,
salta,
que no quiero que se te quemen las manos tocándome,
que te duela la piel bajo las mías,
que no soporto la idea de verte morir de pena
después de volver a hacernos en el amor
para después ser ceniza,
que tengo el pecho desinflado y pronto no cabrás
 − y a estas manos les falta cobardía para rechazarte − .

Salta,
que llevo tus alas por bandera desde el primer día.

Mentirme era tan verdadero
cuando conseguía convencerte...

my trashed love,
that my future keeps on undressing you with both hands,
that I leave the window open
so that you'll forget the slamming of doors,
that I don't know if the circles under my eyes
                    or sleep weigh on me more
but I stay stretched out beside your empty spot and I
                    get up in such pain,
my beautiful death,
that my mother won't stop asking me who hurts me
and doesn't understand me when I point to my throat,
that I need for you to tell me that you are never going to leave
while you are leaving,
that I need for you to tell me that you are going for good
while you stay.

But be free,
blessed sadness,
be free,
I don't want you to burn your hands touching me,
your skin to ache under mine,
I can't stand the idea of seeing you die of sorrow
after recreating ourselves in love once again
to later become ashes,
my heart is crushed, and soon you won't fit inside
– and these hands aren't cowardly enough to reject you –.

Be free,
I've carried your wings as a flag since the first day.

Lying to myself seemed so true
when I was able to convince you...

Te quiero tanto que quiero terminarte,
te quiero tanto
que mañana no podré hacerlo más.

I love you so much that I want to put an end to you,
I love you so much
that tomorrow I won't be able to do this any more.

LUGAR. CASA. HOGAR

Camino por una ciudad
que ya no me habita.

La toco descosida,
le
salen
hormigas
de los ladrillos de las paredes,
suenan alarmas
y ya no responden sirenas
 − si acaso le han salido hormigueros
en cada jardín − .

Juraría que todo está cambiado.
Juraría que antes aquí
había mar.
O cielo.

Juraría que yo sobrevolé esta ciudad
con más alas
que años.

[...]

Cuando uno se marcha,
se da cuenta de que hogar
no es de donde vienes
ni a donde vas.
Llevamos la casa a cuestas,

PLACE, HOUSE, HOME

I'm traveling through a city
that no longer dwells in me.

I touch its unraveling,
ants
come
out
of the bricks in the walls,
alarms ring
and sirens no longer respond
— just in case anthills have sprung up
in every garden —.

I could swear that everything is changed.
I could swear that once
the sea was here.
Or the sky.

I could swear that I flew over this city
with more wings
than years.

[...]

When one goes away,
one realizes that home
isn't where you come from
or where you're going.
We carry our house on our backs,

y a veces son tan empinadas y estrechas
que la abandonamos a mitad de camino.

Por eso,
cuando nos perdemos a nosotros mismos
cuesta tanto sentirse a salvo.

Cuando uno se marcha
y vuelve al tiempo
lo hace con otro color de ojos,
con un peso diferente en las manos,
con un sabor distinto en la espalda,
con un corazón que late en emigrante.

Cuando uno se marcha
y regresa
se encuentra con un lugar maquillado y extraño,
una ciudad puesta en gala para otros
como esa chica a la que rechazamos
y se vuelve, de repente,
un ser precioso y no apto para nosotros.

La relación entre un emigrante voluntario
y su ciudad de origen
es como la de una pareja que creció junta
y quiso amarse toda la vida para abandonarse después:
los residuos de un amor que se presentaba eterno
y de una ruptura que se declaró inevitable.

[...]

and sometimes they are so tight and narrow
that we abandon them halfway down the road.

That's why,
when we lose ourselves
it's so hard to feel safe.

When one leaves
and returns to that time
she does so with another color in her eyes,
with a different gravity in her hands,
with a definite air about her,
with a heart that beats in emigrant.

When one leaves
and returns
one finds herself in a strange and made-up place,
a city dressed up for other people,
like that girl we reject
and who becomes, suddenly,
a delightful person and not suitable for us.

The relationship between a voluntary emigrant
and her city of origin
is like that of a couple that grew up together
and meant to love each other all their lives only to separate later:
the remains of a love that appeared eternal
and a breakup that was declared inevitable.

[...]

Ni todos los lugares de los que uno se va
se pausan
ni todas las personas que uno abandona
se quedan.

Pero a ti podría decirte
que haré de cualquier lugar que lama tus huellas
tu hogar.

A ti podría decirte
que si algún día me abandonas
me colocaré delante,
justo en ese preciso lugar
que no te permita nunca
mirar hacia atrás con pena.

A ti podría decirte
que has de saber que ya ocupas mis ojos,
que llevo tu risa incrustada en mis arterias,
que no hay lugar en mi cuerpo en el que
                    no quepa tu pena,
que cuando no tengas un sitio al que volver
pienses que tienes abiertos todos mis huecos.

A ti podría decirte
que si un día te sientes perdida
dentro de ti misma,
daré con la solución a tu laberinto
abriéndome el pecho
y poniéndote delante,
justo en ese lugar donde hablo tanto de ti
que no te costará esfuerzo reconocerte

Not all the places that one leaves
are put on hold
nor do all the people that one forsakes
remain.

But you I could tell
that I will make any place that licks your footsteps
your home.

I could say to you
that if you leave me some day
I'll put myself before you,
precisely in that exact place
that will never let you
look back with regret.

I could say to you
that you must know that you dwell in my eyes,
that I carry your laughter embedded in my arteries,
that there is no place in my body in which
                    your sorrow doesn't fit,
that when you don't have a spot to return to
consider that all of my hollows are open to you.

I could say to you
that if one day you feel lost
within yourself,
I will find the solution to your labyrinth
opening up my breast
and putting you before me,
precisely in that place where I speak so much about you
that it won't cost you any effort to recognize yourself

y volver a encontrarte.

A ti podría decirte
que para mí
cualquier lugar
es mi casa
si eres tú
quien abre
la puerta.

and to find yourself again.

I could say to you
that for me
any place
is my home
if you are
the one who opens
the door.

Día Cuatro sin ti:
me abandonaste a las tres en punto.
El reloj lleva cuatro días marcando las tres y cinco.

Day Four without you:
you abandoned me at three on the dot.
It's been five after three on the clock for four days.

ERES LO MÁS BONITO QUE HE HECHO POR MÍ

Eres lo más bonito
que he hecho por mí.

La gente en vez de decirme "el amor te sienta
                    como un guantazo"
ahora me confiesa "el amor te sienta como un guante,
                    blanco, hecho a medida",
y yo les contesto:
"El amor es una bala unidireccional
y nuestro pecho un punto fijo:
lo que determina el choque, el temblor,
el derrumbe de cimientos o la recuperación del jardín,
es el hueco que acompaña a tu mano
en el impacto."

En otras palabras,
sujeta la mano de tu asesino y ganarás su caricia.

Y es que resulta que a mí el crimen
me pilló masturbándote,
amor,
o masturbándome pensando en ti.
Como si hubiera diferencia.
Como si no fuera lo mismo
amarte, amarme y amarnos.
Como si fuera posible soltarte.
No lo sé,
pero desde que te quiero
mis manos están preciosas.

YOU ARE THE PRETTIEST THING THAT I HAVE DONE FOR MYSELF

You are the prettiest thing
that I have done for myself.

People instead of saying "love suits you
                              like a slap in the face"
now confess to me that "love fits you like a glove,
                              white, and made to measure,"
and I answer:
"Love is a unerring bullet
and our breast a fixed point:
what determines the blow, the quake,
the collapse of foundations or the recovery of the garden,
is the hollow that accompanies your hand
on impact."

In other words,
grab your assassin's hand and you will win its caress.

And the fact is I was guilty of
masturbating you,
love,
or masturbating myself thinking about you.
As if there were a difference.
As if it were not the same thing
loving you, loving myself, loving each other.
As if it were possible to let go of you.
I don't know,
but since I've loved you
my hands look beautiful.

He lanzado al aire
todas mis dudas,
y ha salido tu cara.
Jamás entendí eso de la suerte
y de la fortuna,
así que no sé bien qué quiere decir,
pero me han entrado unas ganas locas
de arrojar flores a los pies de tu cama.
La verdad es que la ciudad,
mis pulmones
y el cambio climático
han agradecido esta hostia primaveral.
Y ahora respiro mejor,
subo sin cansancio las cuestas
y puedo durar cuatro estaciones haciéndote el amor.

He bajado los pantalones a las canciones
con las que un día lloré
y mi pena ha brillado
como un pájaro atrapado en la nieve:
no quisiera menospreciar a mis tormentos,
pero tu sonrisa sobre mi lágrima
consiguió ser el mejor de los remedios.
Pero no te alejes demasiado,
sigo necesitándote por si enfermo.

Lo cierto es que no quiero que suene a chantaje,
no malinterpretes mis quejidos,
pero es posible que si te marchas llore hasta
                    inundar medio continente,
y ya tenemos bastante con los desastres naturales

I've cast all my doubts
to the wind
and your face has popped up.
I never understood about luck
or fortune,
so I don't know what it means,
but I've suddenly had the crazy urge
to throw flowers at the foot of your bed.
The truth is that the city,
my lungs
and climate change
have been thankful for this springtime communion.
And now I breathe better,
I climb hills tirelessly
and I can last all four seasons making love to you.

I've pulled the pants off of songs
that I wept over one day
and my sorrow has glistened
like a bird trapped in the snow:
I don't mean to make light of my torments,
but your smile upon my tears
managed to be the best of all remedies.
But don't go too far away,
I'll keep on needing you in case I get sick.

What's certain is that I don't want this to sound like blackmail,
don't misinterpret my moaning,
but it's possible that if you leave I may cry until
                    I inundate half a continent,
and we've already had enough of natural disasters

como para añadirle el mío,
¿no crees?

Quisiera explicarte de una forma sencilla
que desde ti
todo lo malo se ha dado la vuelta,
y qué bonito es el optimismo, joder.

Estás
hasta cuando no estoy,
así defino mi soledad ahora.
Te tengo
incluso cuando se me rompen los bolsillos,
ocupas mi vacío,
eres la antítesis de la nada,
aguas mi desierto,
eres el pasado de todas las ausencias.

No me apena la tristeza,
no me dan miedo los días malos
ni las malas personas,
no evito mi caída,
no me importa no acertar.

Eres a mi pena lo que la chimenea al invierno,
la sonrisa
que no cambia este puto mundo de mierda
pero hace que me dé igual vivir en él,
el aplauso que infunde valor a mis tropiezos
y sabe mejor que una victoria,
el centro de la diana de todas mis apuestas.

for us to add mine,
don't you think?

I'd like to explain it to you simply
that since you
everything bad has turned around,
and how beautiful optimism is, damn.

You are here
even when I'm not,
that's how I define my solitude now.
I have you
even when I run out of everything,
you fill my void,
you are the antithesis of the abyss,
you water my desert,
you put all my shortcomings into the past.

I'm not afflicted by sadness,
I'm not frightened by bad days
or mean people,
I don't avoid my downfall.
I don't mind not getting it right.

You are to my sorrow what a hearth is to winter,
the smile
that doesn't change this freaking piece of crap world
but makes it easy enough for me to live in it,
the applause that brings strength to my setbacks
and tastes better than a victory,
the center of the target for all my challenges.

Eres tan bonita
que decírtelo resulta redundante
y no decírtelo
se parece al silencio.
Al final siempre acabo besándote,
que es la mejor alternativa a la poesía.
Y ya sabes
que a mí me gusta acabar los poemas
con el verso perfecto,
ese que empieza en un papel
y acaba en tu boca.

You are so pretty
that saying so is redundant
and not saying so
is like silence.
In the end I always wind up kissing you,
which is the best alternative to poetry.
And you already know
that I like to end my poems
with the perfect line,
the one that begins on paper
and ends in your mouth.

UNO ES DE DONDE LLORA

Siempre estoy de vuelta
porque uno es de donde llora.

El pasado me llena los ojos de polvo,
de piedras,
de arena molesta,
y todos aquellos que dicen que es el tiempo
el que controla los latidos
saben que miento
cuando les digo que es algo
y no alguien
quien ha interrumpido mi parpadeo.

[...]

Busco alguien
que me mantenga viva de cuerpo presente.

Alguien que sepa
que el ahora es un suicida al borde del puente
a una coma de la liberación,
el envoltorio de un regalo,
la mirada de un ciego,
un premiado incomprendido,
la vida con la piel de gallina.

Alguien a quien querer aquí y ahora.

[...]

ONE IS WHERE ONE CRIES FROM

I'm always coming back
because one is where one cries from.

The past fills my eyes with dust,
with stones,
with annoying sand,
and all of those who say that it is time
that controls our heartbeats
know that I'm lying
when I tell them that it is something
and not someone
that has caught my attention.

[...]

I'm looking for someone
that will keep me alive on my deathbed.

Someone who knows
that the present moment is a suicide on the edge of the bridge
a hair away from freedom,
the wrapping for a gift,
a blind man's gaze,
a misunderstood honoree,
life with goose bumps.

Someone to love here and now.

[...]

A veces conjugo en futuro
porque suelo creer en todo lo que no existe.

El futuro me miente con piedad,
como un engañabobos,
como un político idiota.
Es una quimera a la que no llega mi dedo corazón.
El futuro es entrañable.
El futuro es eso que no es
y en donde estamos todos.

[...]

Sin embargo,
a veces te miro
cuando te abrazas a mí en el sofá después de comer
y sonríes, respirando caliente, sobre mi pecho
y me dices eso de:
"no te buscaba,
pero besas mis instantes
y ahora es mi futuro quien te espera",
y me resulta imposible no pensar:
"en la teoría todo es una mierda;
pero, en la práctica, tú estás encima de mí
 — y viceversa —
y todo es maravilloso".

Sometimes I conjugate in the future
because I usually believe in everything that doesn't exist.

The future lies to me mercifully,
like a charlatan,
like an idiotic politician.
It's a chimera I can't flip off.
The future is intimate.
The future is that which isn't
and where we all are.

[...]

Nevertheless,
at times I look at you
when you embrace me on the sofa after eating
and you smile, breathing heavily, on my breast
and you feed me that line:
"I wasn't looking for you,
but you make my day with your kisses
and now my future is all yours,"
and it's almost impossible for me not to think:
"in theory this is all crap;
but, in practice, you are on top of me
— and vice versa —
and everything is wonderful."

Día Cinco sin ti:
tu ausencia aplastando mis entrañas.
Pareciera que han pasado por mi alma noventa años.

Day Five without you:
your absence crushing my insides.
It would seem that ninety years have passed by my soul.

LA POESÍA JAMÁS TE OLVIDARÁ

Te he vuelto a ver desnuda
y se me han corrido los ojos de pena.
Debí borrar aquellas fotos
el día que te olvidé,
¿pero quién sabe cómo deshacerse
del rastro de una estrella fugaz
cuando ya te ha mirado a los ojos?
Uno es preso de todo lo que ha amado
porque el amor es una condena de cadena perpetua
en una cárcel sin rejas.

Estabas preciosa vestida de nada.
Solo eres verdad cuando eres silencio,
cuando eres paz y calma
y te pintas de blanco el pelo para mí.
Hubiera jurado que fuiste real
cuando te vi llorar por mí,
cuando temblaste de miedo por mí,
cuando te descubriste besándome a mí.
Nada me asusta más que pensar
que quizá solo existieras en mi cabeza.

Ojalá entendieras lo sola que me siento
cuando te pienso,
como si cargara con una tristeza que no me corresponde
y has hecho tuya
— ya ni mi pena es mía — .
Te empeñaste en ser la protagonista de mi vida
aunque fueras la mala,

POETRY WON'T EVER FORGET YOU

I saw you undressed again
and my eyes have wept in sorrow.
I should have erased those photos
the day I forgot you,
but who knows how to free herself
from the trail of a shooting star
when one has looked it square in the eyes?
One is prisoner of everything that one has loved
because love is a life sentence
in a prison without bars.

You looked gorgeous dressed in nothing.
You only are truth when you are silence,
when you are peace and calm
and you dye your hair white for me.
I could have sworn that you were for real
when I saw you crying over me,
when you trembled with fear for me,
when you caught yourself kissing me.
Nothing scares me more than to think
that maybe you only exist in my head.

If you only understood how lonely I feel
when I think of you,
as if I were burdened by a sadness that doesn't belong to me
and you've made yours
– now not even my sorrow is mine –.
You insisted on being the protagonist of my life,
even though you were the villain,

no me quiero por haberte creado
aunque definas parte de mi historia.
Te regalo mi atención,
si es lo que quieres,
pero baja ya el puto telón
y deja que corte mi cabeza.
No hay nada más triste
que querer hacer un best-seller
de un libro solo para dos
ni una película rodada para un único espectador.
O quizá sí,
quizá sea más triste el silencio
cuando no es forzado.

Apareces cuando me quedo a solas
conmigo misma,
en ese infierno en el que la soledad
es una multitud de gente y ruido
y alguien llora al otro lado de la pared.
Y, entre la tentación de odiarte
o abandonarme a lo que depare tu recuerdo
– con suerte un suspiro;
sin ella, un poema – ,
aprieto los dientes con fuerza
y dejo que pases,
como un dolor momentáneo,
como un golpe seco y certero,
como una palabra mal dicha
y a destiempo,
como las horas el peor día de tu vida:
sin remedio, con esfuerzo
y sin darle importancia.

I don't love myself for having created you
even though you define part of my story.
I offer you my attention,
if that's what you want,
but lower the freaking curtain
and let it chop off my head.
There's nothing more sad
than wanting to make a best seller
out of a book only for two
or a movie put on for a single spectator.
Or maybe there is,
maybe silence is sadder
when it's not rehearsed.

You appear when I'm alone
with myself,
in that hell in which solitude
is a crowd of people and noise
and someone is crying on the other side of the wall.
And, between the temptation to hate you
or abandon myself to what your memory might offer
– with luck a sigh;
without it, a poem –,
I clench my teeth tightly
and let you go by,
like a fleeting ache,
like a sharp and unerring blow,
like a word misspoken
and inopportune,
like the hours of the worst day of your life:
without recourse, with effort
and without giving it importance.

Hay sueños
que son la estela de un deseo constante
y otros que reflejan anhelos secretos
y son casi pesadillas.
Adivina en cuáles sales tú.

No he superado este dolor
porque aún no he desaprendido
el placer de mis heridas.
El día que deje de escribir
y alguien me aplauda
sabré que existe la inocencia.

No te creas dueña y señora
de mi tristeza:
solo aquel que posee algo es capaz de liberarlo,
y hace ya demasiadas palabras
que sé que eres un motivo pero no la causa
 − esa gran diferencia
que tan poca gente entiende − .
Un día me salvaré y el cielo caerá sobre mi cabeza.
Me siento mejor así,
de veras,
no te entristezcas y te vuelvas una nube gris por ello.

Tengo que aprender a llorar mejor,
olvidar la vida que no pasa,
volver a casa
y dejar que me noten ausente,
deshacerme de las armas
que coloqué hace un tiempo en un lado de la cama

There are dreams
that form the wake of a constant desire
and others that reflect secret yearnings
and are almost nightmares.
Guess which ones you appear in.

I haven't overcome this pain
because I still haven't forgotten
the pleasure of my wounds.
The day that I stop writing
and someone applauds me
I'll know that innocence exists.

Don't believe that you are owner and mistress
of my sadness:
only one who possesses something is capable of setting it free,
and by now too many words have gone by
for me not to know that you are a motive but not the cause
– that huge difference
that so few people understand –.
One day I will save myself and the sky will fall on my head.
I feel better that way,
really,
don't get sad and turn into a dark cloud over it.

I have to learn to cry better,
to forget the life that doesn't happen,
return home
and let them notice I've been gone,
get rid of the weapons
that I placed a long time ago alongside the bed

y besar en la boca a la calma.
Escúchame:
mi bandera blanca es mi piel desnuda
y hace tiempo que no paso frío.

Quien me conoce sabe que no es fácil hacerlo:
por eso la mayoría huye al principio,
por eso los pocos que lo consiguen se quedan
                                para siempre.
No dejo sin casa
a aquel que llega a mí atravesando bosques
                        de lenguas extintas.

Tengo, del mismo modo,
que confesarte de una manera dulce
que te he olvidado,
que tus fotos son una caricia del pasado
pero en mi mañana ya no te miro,
que he aprendido que recordarte
no es más que un beso a mi herida
para que no se sienta tan sola
como yo cuando me la hiciste,
que aquí hace tiempo que ya es primavera
aunque haya días de tormentas torrenciales
pero mírame:
he aprendido a bailar
 − quién lo diría, amor,
con esta vida que llevo tan llena de tropiezos − .

No sé dónde estás
pero sé que en el lugar que sea
estarás orgullosa de mí por olvidarte.

and kiss calm on the mouth.
Listen to me:
my white flag is my bare skin
and I haven't been cold for a long time.

Anyone who knows me knows that it isn't easy to do:
that's why most people run off at first,
that's why the few who manage to stay remain
                    forever.
I don't leave anyone homeless
who shows up at my door passing through forests
                    of dead languages.

I must, in the same way,
confess to you sweetly
that I have forgotten you,
that your photos are a caress from the past,
but I don't see you in my tomorrow,
that I've learned that remembering you
is no more than a kiss on my wound
so that it won't feel so alone
like me when you did that to me,
that it has already been spring here for a long time
even though there may be days of torrential storms
but look at me:
I've learned to dance
− who would have imagined that, love,
with this life of mine so full of stumbling blocks −.

I don't know where you are
but I know that wherever it may be
you will be proud of me for forgetting you.

Te he olvidado,
amor roto.

Pero no tengas miedo
a que nadie te recuerde:
la poesía jamás te olvidará.

I have forgotten you,
broken love.

But don't be afraid
that no one will remember you:
poetry won't ever forget you.

INFECCIÓN

Infesta burla de la vida,
maldita tristeza.
Suicida alimaña
que solo busca torturar el alma
en el regocijo de su putrefacción.
Vomitivo ataque
que refugiándose en una arcada sobrevive
y se hace con el aire,
impregnando hasta el aliento de una voz.
Y ni te matan ni matas:
solo deshaces, diluyes y destruyes.
Y aun así te salvas
en la inspiración de derruidos poetas,
manos muertas que te expulsan rotas de dolor;
en palabras destrozadas,
vomitadas en frases mordidas por el tiempo;
en miradas que sentencian muerte,

                        disyuntiva entre tu cuerpo y el mío.

INFECTION

Pestilent joke of life,
accursed sadness.
Suicidal vermin
that only seeks to torture the soul
while rejoicing in its putrefaction.
Emetic attack
that finding shelter in a fit of retching survives
and joins forces with the air,
impregnating the very breath of a voice.
And neither do they kill you nor do you kill:
you only devastate, dilute and destroy.
And even so you find salvation
in the inspiration of ruined poets,
dead hands that expel you crippled with pain;
in ruined words,
spat out in phrases worn away by time;
in looks that sentence death,

        dilemma between your body and mine.

Día Seis sin ti:
hoy solo he llorado escuchando a Andrés
y leyendo a Ernesto.
Voy mejorando.

Day Six without you:
today I have only cried listening to Andrés
and reading Ernesto.
I'm getting better.

HIBERNO

Siempre que dormíamos era invierno,
y en el frío me enseñabas a volar
y yo te echaba de menos.
Entonces despertaba.
Y te echaba
de menos.

La primavera no quiere
que los amores de invierno terminen,

pero el verano ha llegado

y ha arrasado con todo.

Ahora tú solo sabes hablar del sol,
te haces un moño despeinado mientras bostezas,
te pintas las uñas de los pies,
te ríes mucho más que antes,
y, mientras,
me dejas de querer.

I HIBERNATE

Whenever we slept it was winter,
and in the cold you taught me how to fly
and I missed you.
Then I woke up.
And I missed
you.

Springtime doesn't want
winter loves to end,

        but summer has arrived

        and has demolished everything.

Now all you can talk about is the sun,
you tie a loose bun in your hair while you yawn,
you paint your toenails,
you laugh a lot more than before,
and, meanwhile,
you stop loving me.

Ahora yo me vuelvo a refugiar en los poemas
y escribo sobre febrero,
echo de menos la lluvia
y el sabor de tu jersey,

y, mientras,

te quiero más que ayer.

Now I seek refuge in my poems again
and I write about February,
I miss the rain
and the taste of your jersey,

       and, meanwhile,

       I love you more than yesterday.

SOLO CONMIGO. SOLA CONTRA MÍ

Los ruidos de mi cabeza no me dejan dormir
y apenas recuerdo la última vez que desperté,
pero es imperturbable el silencio de la soledad
                  con uno mismo,
son irrompibles los diques de la sinrazón.

Y yo estoy solo conmigo
pero sola contra mí.

Acabo muerta cada vez que me enfrento a mis fantasmas
y este no saber si me vencen luchando
o si me dejo ganar por cansancio
derrota cualquier amago de abandono.
Preferiría ver la cara a mi miedo:
es mil veces peor vivir con el temor a encontrarla.

Son inútiles mis trampas:
combatir el miedo a caer
no se hace luchando desde el suelo.
¿Pero cómo me voy a levantar
si la mano que se muestra tendida
es la misma que me retiene?
¿Quién me tiende
y quién me tiene?
¿Quién me entiende?

El mundo es un engaño
para quien no sabe jugar
y yo solo confío en los confiados

ONLY WITH ME. ALONE AGAINST ME

The sounds in my head don't let me sleep
and I hardly remember the last time that I awoke,
but the silence of solitude within oneself
                              is imperturbable,
the dikes of fantasy are indestructible.

And I'm only with me
but alone against me.

I wind up dead each time I face my phantoms
and this not knowing if they conquer me fighting
or if I let myself win through exhaustion
defeats any gesture of abandonment.
I would prefer to see the face of my fear:
it's a thousand times worse to live with the fear of meeting up with it.

My tricks are useless:
struggling with the fear of falling
isn't done fighting on the ground.
But how am I going to get up
if the hand that's extended
is the same one that holds me back?
Who helps me
and who holds me?
Who knows me?

The world is a charade
for anyone who doesn't know how to play
and I only trust in the trusting

porque son los únicos que no creen en la mentira
– porque ni yo lo hago – .

No envidio a quien no tiene motivos para llorar,
agradezco a la nube que se vació sobre mi cara
esta pena pausada,
sé ver el gris del arco-iris
igual que sé poner color a las pesadillas
pero aún no sé cómo cerrarme los ojos,
me anestesia todo lo que duele
y eso es algo que nunca comprenderé
pero he suspirado agua por los ojos viendo el mar
y creo que lo entiendo.

Solo me valoro en otras bocas,
me canso de los espejos
y de las orgías de palabras vacías,
olvido todo lo que no fue capaz
de romperme y reconstruirme en un mismo golpe,
empatizo con todo aquel que acumula
                    bocetos incompletos
porque mi vida también fue una mancha negra
                    en un lienzo blanco,
– pero entonces alguien me llevó a un museo
y me llamó arte – .

Quizá solo se trate de encontrar a quien te sigue mirando
cuando tú cierras los ojos.

Y escribo, escribo, escribo,
escribo para que mis ruidos no me cieguen.
Escribo, escribo, escribo,

because they are the only ones that don't believe in lies
— because that's something I don't ever do —.

I don't envy anyone who doesn't have a reason to cry,
I thank the cloud that rained this slow sorrow
down upon my face,
I know how to see the grey in rainbows
just like I know how to color nightmares
but I still don't know how to close my eyes,
I'm anesthetized by everything that hurts
and that is something I will never understand
but I have sighed water through my eyes looking at the sea
and I believe that I understand.

I only value myself in the mouths of others,
I grow weary of mirrors
and of the orgies of empty words,
I forget everything that wasn't capable
of breaking me down and rebuilding me all at once,
I empathize with everything that collects
                    unfinished drawings
because my life was also a black smudge
                    on a white canvas,
— but then someone took me to a museum
and called me art —.

Maybe it's all about finding someone who keeps looking at you
when you close your eyes.

And I write, I write, I write,
I write so that my babbling doesn't blind me.
I write, I write, I write,

escribo para dar al silencio una excusa.
Escribo, escribo, escribo,
escribo para repetirme que todo está vivo.
Escribo, escribo, escribo,
escribo para enseñarme todo lo que desconozco
                 de mí misma,
todo lo que no quiero terminar de conocer.
Escribo, escribo, escribo,
escribo para que el día que no me mires no
                 quieras marcharte,
para que el día que quieras irte lo
                 hagas sin dudar.
Escribo, escribo, escribo,
escribo porque la música es suficiente y yo soy
                 persona de excesos.
Escribo, escribo, escribo,
para nunca saciar este hambre de todo que
                 se vacía con nada.

Escribo, escribo, escribo.
No dejo de escribir.
No quiero morir.

(Y es que aquí dentro solo late un pensamiento:
qué será de mí cuando descubra
que las palabras también son mentira).

I write to give silence an excuse.
I write, I write, I write,
I write to repeat to myself that everything is alive.
I write, I write, I write,
I write to teach myself everything that I don't know
                              about myself,
everything that I don't want to stop knowing.
I write, I write, I write,
I write so that the day that you no longer have eyes for me
                              you won't want to leave,
so that the day that you might want to go away
                              you'll do it without hesitation.
I write, I write, I write,
I write because music is sufficient and I am
                              a person of excesses.
I write, I write, I write,
to never satiate this hunger for everything that
                              has nothing to empty out.

I write, I write, I write.
I don't stop writing.
I don't want to die.

(And it's just that here within only one thought lives:
what will become of me when I discover
that words are also just a lie.)

Día Siete sin ti:
mi madre me ha besado las ojeras
y he salido del ataúd que es mi cama sin ti,
dejando al lado de la almohada una nota de resurrección.

Day Seven without you:
my mother has kissed the circles under my eyes
and I have left the coffin that is my bed without you,
leaving beside the pillow a note of resurrection.

PAÍS DE POETAS

Hoy a España le han dado una paliza
– el último parte indica agonía –
y llora como un cachorro abandonado en la cuneta
mientras susurra llena de pánico:
se están llenando mis puentes.
Y yo la miro
con los ojos llenos de justicia
y le digo:
aguanta, te salvaremos los supervivientes.

En la calle solo queda vivo un hambre feroz
que aterra:
el canibalismo de un capitalismo devorador.
Quien dice defendernos nos acaricia
y nos deja la cara llena de sangre:
un abrazo falso duele más que una puñalada...
y lo saben.

Quieren rajar nuestras gargantas
y nutrirnos de sus restos,
atar la libertad de pies y manos y lanzarla al mar
como quien ahorca con saña los derechos humanos.
Son culpables de todo este daño
y no saldrán indemnes:
este aullido en su oído pronto se convertirá en dentellada.
Seguimos siendo salvajes humanos
dentro de su circo,
pero terminará la función y destrozaremos su
                    sonrisa de payaso.

COUNTRY OF POETS

Today they have given Spain a beating
– the final part signals death throes –
and she's crying like a puppy abandoned in a ditch
while she whispers panic-stricken:
my bridges are overflowing.
And I look at her
with my eyes full of justice
and I say:
hang in there, we survivors will save you.

In the streets the only living thing is a ferocious hunger
that terrifies:
the cannibalism of an all-consuming capitalism.
Those who advise our defending ourselves caress us
and leave our faces covered with blood:
a false embrace hurts more than being stabbed...
and they know it.

They want to cut our throats
and nourish us with the remains,
tie liberty by her hands and feet and throw her into the sea,
like someone who hangs human rights in a rage.
They are to blame for all this harm
and they won't escape unscathed:
this howling in their ears will soon turn into biting.
We keep on being human savages
inside their circus,
but the show will end and we will destroy
                    their clownish smiles.

Os estamos descubriendo
y la rabia fluye por nuestras venas
junto al hambre, la pobreza y la injusticia
– quién os lo iba a decir:
cabe más humanidad en estos cuerpos
que mierda en todos vuestros discursos – .

Hoy España huele a podrido,
aunque yo la siento más guapa que nunca
cuando bajo a comprar al mercado
en ese puesto que está a punto de cerrar
y me desean buen día
o cuando veo a un estudiante
ceder su asiento a una mujer con una pensión de mierda
que sonríe con esa resignación
de quien ha vivido de paz a guerra de paz a guerra
                    de paz a guerra de paz a...
Parece que cada mañana el pueblo grita:
"Nos quedamos para salvarte,
España."
Y el pueblo nunca miente.

Y vosotros escuchad,
soltad los hilos corruptos de vuestras manos
y mirad hacia abajo,
cerrad vuestra boca llena de humo negro
y abrid bien vuestros oídos viciosos:
solo aquel que no tiene nada
tiene todo.
Nos habéis convertido en el ejército más poderoso:
ese que no tiene nada que perder.
Y vamos a por vosotros,

We're unmasking you
and rage flows through our veins
together with hunger, poverty and injustice
– who was going to tell you:
more humanity fits in these bodies
than shit in all your speeches –.

Today Spain smells rotten,
even though I find her prettier than ever
when I go down to shop in the market
at that stand that is about to close
and they wish me a good day
or when I see a student
offer his seat to a woman with a shitty pension
who smiles with that resignation
of someone who has lived from peace to war from peace to war
                              from peace to war from peace to...
It seems that every morning the people cry out:
"We stand firm to save you,
Spain."
And the people never lie.

And listen, you,
turn loose the corrupt lines of power from your hands
and look down,
close your mouths full of black smoke
and open your depraved ears:
only one who has nothing
has it all.
You have turned us into the most powerful army:
the one that has nothing to lose.
And we're coming for you,

armados hasta los dientes de valor,
escudados con una resistencia caníbal
y con un amor violento por la supervivencia.

Jamás debisteis usar a las palabras en vano:
vivís en un país lleno de poetas.

armed to the teeth with courage,
shielded by a savage resistance
and by a fierce love of survival.

You should have never used words without thinking:
you live in a country full of poets.

EL VUELO DE MI VOLUNTAD

El amor es un pájaro
y a ti te quedan pequeñas todas las metáforas.

Mira,
cuando el dedo apunta al cielo
yo te miro a ti
y pienso:
joder, ¿y si resulta que somos pájaros volando en la tierra?

Verás,
tengo al miedo recluido en un cuarto de mi cuerpo
a oscuras
para que se sienta cómodo y no quiera salir
 – disculpad la cobardía,
pero a veces duermo por no encender la luz – .
Si quieres domesticar a tus fantasmas
dales una pistola con una única bala,
una habitación sin luz,
cuenta hasta tres
y huye.
Todos los valientes mueren en el penúltimo paso
pero solo los cobardes lo saben.

En el otro cuarto amanecemos tú y yo cada día
como animales salvajes
reducidos al instinto básico de supervivencia humano:
amarse.
Qué voy a decir al respecto:
que nos es suficiente

THE FLIGHT OF MY DESIRE

Love is a bird
and all metaphors are too small for you.

Look,
when my finger points to the sky
I look at you
and I think:
damn, and if it turns out that we are birds flying on the ground?

You'll see,
I have fear imprisoned in a room in my body
in the dark
so that it will feel comfortable and won't want to leave
– pardon my cowardice,
but at times I sleep by not turning on the light –.
If you want to domesticate your ghosts
give them a pistol with a single bullet,
a room without light,
count up to three
and flee.
All the brave ones die taking their penultimate step
but only cowards know this.

In the other room you and I wake up every day
like wild animals
reduced to the basic human instinct of survival:
loving each other.
What am I going to say about that:
that it's good enough for us

lo demuestra la quietud de mis heridas
– hay quienes se conforman con poco para vivir,
otros necesitan de más para no morir
y a mí me basta amarte para saberme inmortal – .

En la mitad que me queda
llueve, a veces.
Es un cuarto con goteras
y los vecinos se quejan:
lloras muy alto,
me acusan.
Déjenme quererme, les suplico.
Después abro la puerta
y entras tú como un vendaval sin portazo:
resulta que desde que me bebes no me ahogo,
bebiéndote aprendí a nadar.
Una noche apagaste la lámpara y me llamaste luz:
desde entonces cada vez que tengo miedo río
– qué sencillo es todo lo difícil
cuando pasa por tus manos – .
Mi temor se vuelve una cascada de aire limpio
cuando me confieso ante ti
y por un momento soy todo lo que no soy.
Como cuando tú me nombrabas:
conseguías hacerme ser todo lo que nunca fui,
y aún no sé si te debo mi futuro o eres el
                              nombre de mis fracasos.
Sea lo que sea:
gracias por el huracán,
deja la puerta abierta a futuros destrozos y
                              posibles arreglos
y, por favor,

is demonstrated by the quietus of my wounds
– there are those who are content with little for living,
others need more to keep from dying
and for me loving you is enough to know that I'm immortal –.

In the half that belongs to me
it rains at times.
It's a room with leaks
and the neighbors complain:
you cry really loud,
they reproach me.
Let me love myself, I beg of them.
Afterwards, I open the door
and you come in like a windstorm without slamming the door:
it turns out that since you've been drinking me I don't drown,
by drinking you I have learned how to swim.
One night you turned off the lamp and called me light:
since then every time that I'm afraid I laugh
– how simple is all that's difficult
when it runs through your hands –.
My fear becomes a cascade of clean air
when I confess myself to you
and for one moment I'm all that I'm not.
Like when you call my name:
you succeed in making me be everything I never was,
and I still don't know if I owe you my future or you're
                    the name of my failures.
Be that as it may:
thanks for the hurricane,
leave the door open for future devastation and
                    possible repairs
and, please,

no vuelvas jamás.

A lo largo y a lo ancho de este mar
he aprendido varias cosas.
Amigo es quien pone su lágrima en el ojo
                        cuando quieres llorar,
quien vuelca su risa en tus oídos cuando quieres reír,
quien te cura las heridas aunque escueza
y no quien evita tu caída
  – caerse es necesario para aprender a andar – .
El amor de una madre es insuperable,
el cariño de un padre incontenible,
la protección de una hermana inabarcable:
la familia, en mi definición, una suerte.
Amar a alguien por olvido a otro
solo hará que te dejes de reconocer a ti mismo.
El dolor es el amor real en futuro.
Los generosos son los únicos que quieren en exceso.
La música es una mujer.
Llorar también es traer el mar a los ojos de uno.
Los amores platónicos son luz de estrellas
                       muertas siglos atrás;
los amores reales, lluvia en el rostro.
Superarse a uno mismo es un beso con lengua
                      al amor propio.
No te creas todo lo que te cuenten,
ni siquiera esto:
la sabiduría es individual
y solo responde a las experiencias de uno mismo.

Me calma tu cama,
me duele tu duelo,

don't ever come back.

Over the length and breadth of this sea
I have learned several things.
A friend is someone who puts his tear in your eye
                    when you want to cry,
who pours out his laughter in your ears when you want to laugh,
who cures your wounds even though it smarts
and not one who prevents you from falling
– falling is necessary for learning how to walk –.
A mother's love is unsurpassable,
a father's affection invincible,
a sister's protection immeasurable:
family, by my definition, a blessing.
To love someone by forgetting another
will only make you stop recognizing yourself.
Sorrow is real love in the future.
Generous people are the only ones who love in excess.
Music is a woman.
To cry is also to bring the sea to one's eyes.
Platonic loves are the light of stars
                    dead centuries ago;
real loves, rain on your face.
To surpass yourself is to give your self-love
                    a French kiss.
Don't believe everything they tell you,
not even this:
wisdom is individual
and only responds to one's own experiences.

Your bed becalms me,
your pain pains me,

me salva tu saliva.
Eres todas esas cosas que un día me juré no necesitar,
la total entrega sin escudos: un amor virgen,
esa vida que rechazaba por cobarde
— no llames cobarde a alguien que tiene miedo,
solo abrázalo y dile que,
al revés de todo,
los monstruos existen hasta que les pones nombre:
solo los valientes lo hacen — .

Y creo que te quiero de verdad:
porque no te necesito
y aun así no quiero que te vayas,
porque eres verdad sobre toda mi vida
y tu cara parece un logro sobre esta losa
                                que me arrastra,
un beso a la flor marchita de mi lápida,
porque meciste mi mano para escribir mis temores
de una forma tan suave que pareció una caricia
y ya no tengo miedo más allá de mí misma,
porque me has hecho amar
aquello en lo que dejé de creer
y, mereciéndote un cielo y un nombre de diosa,
te quedas en mi tierra.

Te quedas en mi tierra,
conmigo,
que es algo así como un paraíso
cuando es contigo,
una estrella en espera cuando cae la noche
y un solo cuerpo abrazado a sí mismo
cuando me miras

your saliva saves me.
You are all the things that one day I swore to myself I wouldn't need,
total surrender without shields: a pure love,
that life that I rejected as cowardly
– don't call someone who is afraid a coward,
just hug him and tell him that,
contrary to everything,
monsters do exist until you give them names:
only the brave do that –.

And I believe that I really do love you:
because I don't need you
and even so I don't want you to leave,
because you are truth covering my entire life
and your face is like a victory over this gravestone
                         that drags me down,
a kiss on the withered flower of my headstone,
because you cradled my hand to write of my fears
so softly that it was like a caress
and I'm not afraid beyond the borders of myself,
because you have made me love
that in which I stopped believing
and, deserving a heaven and the name of a goddess,
you stay on my earth.

You stay on my earth,
with me,
which is something like paradise
when it's with you,
a star in waiting when the night falls
and a single body embracing itself
when you look at me

y no soy yo a quien ves
sino a un continente hecho lava,
fuego artificial
y sueños que cumplir cada noche.

Me voy a quedar aquí conmigo
un rato más,
en mi quietud contemplativa,
mirando al cielo buscándote
 — o viceversa —
porque tu vuelo amansa la voluntad de mi daño
y alguien me dijo una vez
que no hay que poner comas a la calma.

and I'm not who you see
but a continent turned to lava,
fireworks
and dreams to fulfill every night.

I'm going to stay here with myself
a little longer
in my contemplative quietude,
looking at the sky searching for you
or – vice versa –
because your flight calms my desire for harm
and someone once told me
that you don't have to surround calm with commas.

Día Ocho sin ti:
me he ido a dar un paseo a la playa,
ha llovido como si le hubieran roto el corazón al cielo
y he comprendido
que uno es de donde llora pero siempre
querrá ir a donde ríe.

Day Eight without you:
I've gone to take a walk on the beach,
it has rained as if they had broken the sky's heart
and I've understood
that one is where one cries from but one will always
want to go where one laughs.

MALDITA ZORRA

Estaba loca:
su tristeza no era de este mundo,
a veces estallaba a reír cuando me lloraba sus penas
y solía enredarse el pelo cuando le iba bien.

Se pintaba los labios antes de dormir:
"quiero estar guapa para mis sueños", me decía.
Luego se levantaba con el rímel corriéndose en sus ojeras,
como en mis mejores fantasías,
y me preguntaba la diferencia entre una nube y una ola.

Yo la observaba en silencio
– un silencio consciente,
pues ella era una de esas mujeres
que te hacen saberte derrotado antes de intentarlo – ,
como si tratara de vencerla sin palabras,
como si esa fuera la única forma.
Ilusa.

En ocasiones
todo lo que hay más allá de alguien es superfluo
y todo lo que hay dentro de uno es redundante.
No lo sé,
le hubiera repetido un millón de veces por segundo
que era más guapa que un pájaro sobrevolando el mar
y que sabía más dulce que la caricia de un padre,
pero ella estaba loca,
loca como un silencio en medio de una escala,
y solo me besaba cuando me callaba.

EVIL BITCH

She was crazy:
her sadness wasn't of this world,
at times she burst out laughing when she cried to me about her troubles
and she would twist her hair when things were going well with her.

She put on lipstick before going to sleep:
"I want to be pretty for my dreams," she would say to me.
Then she would get up with mascara running down her eyes,
like in my best fantasies,
and ask me what the difference was between a cloud and a wave.

I would observe her in silence
– an intentional silence,
since she was one of those women
who make you know you've lost before you try –,
as if it were all about winning her over without words,
as if that were the only way.
Dreamer.

On occasion,
everything that exists beyond someone is superfluous
and everything that exists within one is redundant.
I don't know,
I could have repeated a million times per second to her
that she was prettier than a bird flying over the sea
and that she tasted sweeter than a father's touch,
but she was crazy,
crazy like the silence in the middle of a scale.
and she would only kiss me when I kept quiet.

Maldita zorra.

Solía decir que los peces eran gaviotas sin alas
y era imposible tocarla sin que gritara.
Yo lo disfrutaba: era un instrumento delicioso.

Cuando le decía que amaba su libertad
se desnudaba y subía las escaleras
                    del portal sin ropa
mientras me decía que echaba de menos a su madre.

Cuando tenía miedo
se ponía el abrigo y se miraba al espejo,
entonces se reía de mí y se le pasaba.

Cuando tenía hambre
me acariciaba el pelo y me leía un libro
hasta que me quedaba dormida.
No sé qué hacía ella después,
pero cuando me levantaba ella seguía ahí
y mi pelo estaba lleno de flores.

Un día se fue diciendo algo que no entendí,
supongo que por eso empecé a escribir.
Me dijo:
no me estoy yendo,
solo soy un fantasma de todo lo que nunca tendrás.
Maldita zorra.
Maldita zorra loca.

Estaba loca,
joder,

Evil bitch.

She used to say that fish were seagulls without wings
and it was impossible to touch her without her crying out.
I enjoyed it: she was a delicious instrument.

When I told her that I loved her freedom
she would undress and go up the stairs of the entrance
                              hall with her clothes off
while she told me that she missed her mother.

When I was afraid
she would put on her overcoat and look in the mirror,
then she would laugh at me and it would go away.

When I was hungry
she ran her fingers through my hair and read me a book
until I fell asleep.
I don't know what she did after that,
but when I woke up she was still there
and my hair was full of flowers.

One day she left saying something I didn't understand,
I suppose that's why I began to write.
She told me:
I'm not leaving,
I'm only the ghost of all that you'll never have.
Evil bitch.
Evil crazy bitch.

She was crazy,
damn,

estaba loca.

Tenía en su cabeza una locura preciosa.

¿Cómo no iba a perder la puta razón por ella?

she was crazy.

Her head was crazy beautiful.

How could I not lose my freaking mind for her?

NUNCA OLVIDES QUE ERES UN PÁJARO
ATRAPADO EN LA NIEVE

A mí me salva no entenderme,
pero hay unas flores preciosas creciéndote en las lágrimas,
un fuego congelándose
en la escalera que separa nuestras bocas,
arañas jugando entre mi pelo,
un estropicio latente ordenado en mis heridas,
un beso lento en la sartén
y
un
montón
de
relojes
parados
suspendidos
detenidos
atrapados
en
la
última
vez
que
miré
el
lunar
de
tu
muñeca.

NEVER FORGET THAT YOU'RE A BIRD
TRAPPED IN THE SNOW

Not understanding myself is my salvation,
but there are some beautiful flowers blossoming in your tears,
a fire freezing
on the staircase that separates our mouths,
spiders playing in my hair,
a latent, systematic disruption in my wounds
a slow kiss in the frying pan
and
a
pile
of
clocks
stopped
disconnected
held up
mired
on
the
last
time
I
saw
the
mole
on
your
wrist.

Día Nueve sin ti:
no te olvido,
pero hoy he vuelto a reír de nuevo
y he sentido un anhelo reconfortante al abrir la ventana,
como si el aire barriera los fantasmas de mi suelo.

Day Nine without you:
I haven't forgotten you,
but today I've started laughing again
and I have felt a comforting longing on opening the window,
as if the air would sweep the ghosts off of my floor.

SIN EMBARGO

Te deseo a alguien
que no te diga lo guapa que eres
sino que te lo enseñe,
para que te lo aprendas
sin necesidad de repetírtelo.

Te deseo un poema sin adorno,
frases ridículas,
palabras llanas y simples,
para que entiendas que en el amor
poesía es lo que sale de su boca
y no lo que lees en los libros.

Te deseo un amante con el corazón roto
para que sepa entenderte
y para que respete tu tristeza
cuando haya humedades,
pero sobre todo
para que proteja los destrozos del tuyo
con el suyo
y cuando tiemblen
tener un sustento.

Te deseo un admirador del nudismo
para que vivas lo que es una mirada desmaquillada,
para que coloques los espejos al otro lado,
para que te lleve con los ojos
a amar tu cuerpo sobre todas las cosas,
para que respete tu belleza

HOWEVER

I wish someone for you
who won't tell you how pretty you are
but who will show you,
so that you'll learn
without the need to have it repeated to you.

I wish a poem for you without embellishment,
ridiculous phrases,
plain and simple words
so that you'll learn that in love
poetry is what comes out of your mouth
and not what you read in books.

I wish a lover with a broken heart for you
so that she'll know how to understand you
and so that she'll respect your sadness
when things get teary-eyed,
but above all
so that she'll protect against the ravages of yours
with hers
and when they tremble
offer support.

I wish an admirer of nudism for you
so that you'll experience what an unadorned look is,
so that you will turn the mirrors around,
so that she'll carry you off with her eyes
to love your body above all things,
so that she'll respect your beauty

y haga de tu silueta el mapa de su tesoro.

Te deseo a un fiel del mar
para que jamás detone las olas de tus lagrimales,
para que acepte que un día serás calma
y otro tempestad
y aun así decida volver a ti cada día,
para que no evite que te derrames,
para que lleve tu sabor en la piel
y mire dentro de ti aunque escueza.

Te deseo a un poeta
con toda mi pena
para que te condene en su egoísmo
a la eterna salvación,
para que te haga inmortal
cuando tengas ganas de morir,
para que la única bala que te dispare
cuando le abandones
 – porque tú eres un pájaro atrapado en la nieve,
recuérdalo, amor mío –
sea la que detona una palabra,
para que cuando te sientas nadie
recuerdes que eres el olvido de alguien.

Te deseo a tantas personas
como amor quiero hacerte.

Yo, sin embargo,
solo te deseo a ti.

and make a treasure map out of your silhouette.

I desire someone faithful to the sea for you
so that she'll never turn loose the waves from your tear ducts,
so that she'll accept that one day you'll be calm
and another storm
and even so she'll decide to come back to you every day,
so that she won't keep you from overflowing,
so that she will wear your scent on her skin
and look within you even though it hurts.

I desire a poet for you
with all my sorrow
so that she will condemn you in her selfishness
to eternal salvation,
so that she will make you immortal
when you feel like dying,
so that the only bullet that she will shoot at you
when you abandon her
– because you are a bird trapped in the snow,
remember, my love –
will be the one that detonates a word
so that when you feel like nobody
you'll remember that you are someone's old news.

I desire as many people for you
as I want to make love to you.

I, however,
only desire you.

IMAGI(A)NA

La poesía me ama con tristeza
y me concede el don de saber cómo inventarte,
de traerte a mis orillas
y volverte espuma salada en los ojos.
La poesía me acaricia la espalda con los dientes,
deja un rastro de sangre caliente por mis dedos
y apuñala con ternura mis verdades.

La poesía
me permite pintarte un día
entera del color del otoño,
hablar del movimiento de tu pelvis
cuando atacas con violencia las aceras,
resumir de un modo sencillo
el rastro de música
que deja el silencio
cuando decides llorarlo
o reírlo
y llamar de otra manera
a la facilidad que tienes
de curar mi suciedad.

Puedo escribir que me amas,
que hoy es París en tu azotea,
que elegiste sin dudar mi desorden
frente a su sonrisa
y te quieres por ello,
que hubo una tarde en la que hicimos el amor
durante tantos siglos

IMAGI(C)NE

Poetry loves me with sadness
and offers me the gift of knowing how to invent you,
of bringing you to my shores
and tossing salty foam in your eyes.
Poetry caresses my back with its teeth,
leaves a trace of hot blood about my fingers
and stabs my truths tenderly.

Poetry
permits me to paint you all over one day
the color of autumn,
speak of the movement of your pelvis
when you attack the sidewalks fiercely,
sum up in a simple way
the trail of music
that silence leaves behind
when you decide to weep over it
or laugh with it
and describe differently
the facility that you have
for cleaning up my filth.

I can write that you love me,
that today it's Paris in your garret,
that you chose my dishevelment without hesitation
as opposed to her smile
and you love yourself for that reason,
that there was an afternoon in which we made love
for so many centuries

que atravesamos desnudas la barrera del sonido
y los delfines supieron de qué hablábamos.

Puedo escribir que no te has ido,
que no hay noche en la que tu lengua no meza mi cama,
que no puedes tocarte sin mis manos,
que nos declaramos culpables de cualquier
                          triunfo involuntario.

Puedo escribir que tus lágrimas
saben a las teclas de un piano dentro de una nube,
que en tu cuello anidan las madres de las golondrinas
y que he visto brotar pétalos de fuego
en las yemas de los dedos de tus pies.

Puedo escribir que crecen desiertos de arena
en mi garganta
cuando no te escucho,
que la piel me sabe a hiel
y todas las lenguas son ásperas piedras
si no es tu ansia la que me espera,
que te echo de menos
como un cuerpo desmembrado,
como un cadáver sin sustento,
que te echo
tanto
de
menos
que he abierto todas las ventanas
para llegar antes al techo.

Puedo escribir que vienes a verme,

that we broke the sound barrier naked
and the dolphins knew what we were talking about.

I can write that you haven't left,
that there isn't a night in which your tongue doesn't rock my bed,
that you can't touch yourself without my hands,
that we declare ourselves culpable of any
                    involuntary triumph.

I can write that your tears
taste like the keys of a piano inside a cloud,
that the mothers of swallows nest about your neck
and that I have seen fiery petals
appear on the tips of your toes.

I can write that sandy deserts grow
in my throat
when I don't hear your voice,
that my skin tastes like bile to me
and all tongues are harsh stones
if your desire isn't what awaits me,
that I miss you
like a dismembered body,
like a cadaver without support,
that I miss
you
so
much
that I have thrown open all the windows
to make it to the roof in a heartbeat.

I can write that you are coming to see me,

que vuelves
a mis huecos
levantando mi alma y el viento con tu falda,
tus palabras diciéndome
que no hay jardín sin mi lluvia y mi cariño,
que no has dejado de latirme en la demora.

Puedo escribir que estás aquí esta noche,
envuelta como un gato entre mis piernas
y esa manta que acaricias con ternura,
que te quitas la ropa despacio
como si no hubiera mirada
mientras la lascivia recorre mis comisuras,
que me esperas en calma en la cama
tras el punto y final.

Puedo ir más allá
y escribir cosas
como que tú estás aquí
y yo no estoy creando este poema,
y solo así
hacerlo verdad.

La poesía,
del mismo modo,
le da la vuelta a las cosas,
pone boca arriba a las certezas,
me explica que uno más uno
solo puede ser uno,
clava su pupila
— azul —

that you are returning
to my recesses
lifting my soul and the wind with your skirt,
your words saying to me
that there is no garden without my rain and my affection,
that your heart hasn't stopped beating for me during the delay.

I can write that you are here tonight,
curled up like a cat between my legs
and that blanket that you caress tenderly,
that you take your clothes off slowly
as if there were no one watching
while lust runs about my crevices,
that you wait calmly for me in bed
after the final period.

I can go on
and write things
like you are here
and I'm not creating this poem,
and only in this way
make it the truth.

Poetry,
in the same way
turns things around,
puts certainties on their back,
explains to me that one and one
can only be one,
fixes its pupil
– blue –

en la mía
y me escupe su mayor verdad a la cara:

La vida es para quien se conforma.
La poesía,
para quien sueña y desea

                    ...y no tiene miedo de contarlo.

on mine
and spits its greatest truth in my face:

Life is for one who is resigned.
Poetry,
for one who dreams and desires

        ... and isn't afraid to tell.

Día Diez sin ti:
he dejado de huir
porque me he dado cuenta de que soy la
única que me sigue.
Tu recuerdo tampoco: se ha quedado atrás.
Creo que me acerco a la meta.

Day Ten without you:
I've stopped fleeing
because I have realized that I am the
only one who is following me.
Not even your memory: it has stayed behind.
I think that I'm reaching my goal.

2.22

Dime algo que no sepa,
por ejemplo:
que tu tristeza siempre fue una excusa,
que mis dedos fueron flores subiendo por tu costado,
que me echas de menos y sabes a sal,
que te destrozó no intentarlo,
que tu cama es el lugar más frío de esta parte del mundo,
que llegas tarde a todos los sitios
porque vives en el pasado.

Dime algo que no sepa,
por ejemplo:
que no me quieres,
que eres feliz
o que, de puntillas,
llegas a tocar las nubes de mi cabeza.

Te diré algo que no sabes,
por ejemplo:
que aún sostengo tu novena nota
en mi cuerda de tender,
que se murieron todas las plantas que tocaste,
que no me arrepiento porque jamás te llamé futuro,
que un día me acosté con tu recuerdo
y desde entonces me levanto en medio de un
                charco de cenizas,
    como si hubiera dormido sobre un fuego
                carnívoro del tiempo.

2.22

Tell me something I don't know,
for example:
that your sadness was always an excuse,
that my fingers were flowers running up your side,
that you miss me and taste like salt,
that not trying destroyed you,
that your bed is the coldest place in this part of the world,
that you show up late everywhere
because you live in the past.

Tell me something that I don't know,
for example:
that you don't love me,
that you are happy
or that, on tiptoes,
you show up to touch the clouds about my head.

I'll tell you something that you don't know,
for example:
that I still hold your ninth note
on my clothes line,
that all the plants you touched have died,
that I don't repent because I never called you future,
that one day I went to bed with your memory
and from then on I get up in the middle of
                        a quagmire of ashes,
as if I had slept over a carnivorous
                        fire of time.

Te diré algo que no sabes,
por ejemplo:
que el día que moriste nadie vino a verme,
que eres causa y afecto,
que me hace feliz
ser feliz
sin ti.

I'll tell you something that you don't know,
for example:
that the day that you died nobody came to see me,
that you are cause and effect,
that it makes me happy
to be happy
without you.

SOY LA AGUJA DE MI PAJAR

Estoy tan lejos de mi cuerpo,
noto tanta distancia entre el rostro y el alma,
que a veces me miro en el espejo
y no me veo,
pero me conozco.

Soy frágil y pequeña:
preciso de una mano que acaricie mis decisiones.
Crezco,
pero necesito sostener mi infancia un poco más.
No soy nadie sin el resto
y me asusta saberlo.
Imagínate reconocerlo.

Siempre que escribo sobre mí
termino rizando las pestañas a otras musas:
mi punto débil soy yo misma,
entera.
Soy la aguja de mi pajar.

No quiero saber quién soy.
Soy nadie sin mi hermana.
Soy nadie sin mi madre.
Soy nadie sin mi padre.
Soy nadie
si no sé decírselo.
No sé decírselo
si soy nadie.

I'M THE NEEDLE IN MY HAYSTACK

I'm so far away from my body,
I notice so much distance between my face and my soul,
that sometimes I look at myself in the mirror
and I don't see myself,
but I know who I am.

I'm fragile and tiny:
I need a hand to caress my decisions.
I'm growing,
but I need to hang on to my infancy a little more.
I'm no one without the rest
and it frightens me to know it.
Imagine recognizing it.

Always when I write about myself
I wind up flattering other muses:
I'm my own weak point,
entirely.
I'm the needle in my haystack.

I don't want to know who I am.
I am no one without my sister.
I am no one without my mother.
I am no one without my father.
I am no one
if I don't know how to tell them this.
I don't know how to tell them this
if I am no one.

Busco que me quieran
pocos,
muy pocos,
por quien soy,
y que la admiración no pase del qué.
Las multitudes me provocan tristeza
y los silencios me paralizan.

Mi inseguridad necesita un espejo cada día
que le recuerde
que el rechazo también es una segunda oportunidad.

Me aterran las penas de las personas que quiero,
me oprimen el pulmón
y me tiran del pelo.
Tengo insertadas en mi garganta
multitud de tristezas ajenas
como agujas del revés
atravesando almohadas.

Cómo no voy a escribir sobre otros
si construyen mi pecho
edificándolo en el infierno.

Cómo voy a superar
la muerte de mis plantas,
de aquel pez que tuve hace unos años,
de aquella tortuga que murió al mes de llevarla a casa.
Cómo voy a superar
el dolor de mi otro brazo,
la puta injusticia que subraya el azar,
las ausencias consentidas,

I'm looking for a few
to love me,
very few,
for who I am,
and for their admiration not to go too far.
Crowds cause me to be sad
and silences paralyze me.

My insecurity needs a mirror every day
to remind it
that rejection is also a second opportunity.

I'm terrified by the sufferings of people that I love,
they crush my lungs
and pull at my hair.
Stuck in my throat
is the myriad sadness of others
like needles inside out
piercing pillows.

How am I not going to write about others
if they construct my heart
building it in hell.

How am I going to get over
the death of my plants,
of that fish that I had for years,
of that turtle that died a month after bringing it home.
How am I going to get over
the pain in my other arm,
the freaking injustice underscored by random chance,
consensual absences,

esa pena que es un latido constante y silente
y deja ronca a mi cabeza.

Cómo voy a hacerlo
si vivo en una carrera constante con lo que
                              aún no me ha pasado,
y siempre gano,
y siempre pierdo.

Ven a acariciarme el pelo,
por favor,
que me pesa
demasiado
el corazón
y otra vez acabé besando a otros
después de mirarme en el espejo.

that sorrow that is a constant and silent heartbeat
and leaves my head bitter.

How am I going to do this
if I live in a constant race with what
                              still hasn't happened to me,
and I always win,
and I always lose.

Come run you fingers through my hair,
please,
my heart
weighs too much
on me
and once again I wound up kissing others
after looking at myself in the mirror.

Día Once sin ti:
me he olvidado de que te estaba olvidando
y te he olvidado.

Day Eleven without you:
I've forgotten that I was forgetting you
and I have forgotten you.

NO ERES TÚ, ES LA POESÍA

No me gustas.

Es más,
odio esa boca:
parecen dos gusanos rosas serpenteando
entre un festín de fuegos artificiales
con sabor a melocotón,
con olor a hierba recién...

Que no.
No me gustas.

Detesto tu pelo,
tan despeinado que parece hecho a propósito,
tan largo que está siempre fuera de lugar.
No creo en él.
Cuando lo toco parece ceniza
y me invade una tos en el pecho
y su tacto me recuerda
a ese día
que hundí los pies
en la arena de aquella playa de Barcelona
después de más de tres años
sin ver el mar
y creí ahogarme mientras volaba
y de repente todo era azul
y todo era tan suave como...

Que no.

IT'S NOT YOU, IT'S POETRY

I don't like you.

What's more,
I hate that mouth:
it looks like two pink worms crawling
through an evening of fireworks
with a taste of peach,
with a smell of grass recently...

Oh no.
I don't like you.

I detest your hair,
so unkempt that it seems done on purpose,
so long that it's always out of place.
To me it's fake.
When I touch it, it seems like ashes
and a cough invades my chest
and its touch reminds me
of that day
that I plunged my feet
in the sand of that beach in Barcelona
after more than three years
without seeing the sea
and I thought I was drowning and flying at the same time,
and suddenly everything was blue
and everything was as soft as...

Oh no.

No me gustas.

Me da asco tu voz,
su manera de precipitarse
sobre el mundo como si tuviera todas las respuestas,
la excesiva torpeza de sus palabras,
el lugar equivocado sobre el que se asienta,
su exasperante lentitud
al hablar
como si fuera una mariposa desnuda
e hiciera el amor a todo lo que ve
tan despacio como si aún fuera ayer
y mi cuello
estuviera siguiéndole el compás,
cayendo en sus vocales
azucaradas y silentes,
volviendo a redactar
su abecedario de prosa floreciente...

Que no.
No me gustas.

Siento indiferencia por tus latidos,
siento un vacío atronador por tu vida,
por tus idas y venidas,
por tus triunfos calculados
y tus victorias dirigidas,
por tu cuerpo fracasado,
por ti desnuda, indefensa y derrotada
aunque así seas lo más parecido a la libertad
que saboreé desde el suelo,
un encanto sin remedio,

I don't like you.

Your voice disgusts me,
its way of rushing out
over the world as if it had all the answers,
the excessive awkwardness of its words,
the wrong places on which it alights,
its exasperating slowness
when speaking
as if it were a naked butterfly
and was making love to everything it sees
as slowly as if it were still yesterday
and my neck
was following its beat,
landing on its sugary and silent
vowels,
once again composing
an alphabet of flourishing prose...

Oh no.
I don't like you.

I feel indifference for your heartbeat,
I feel a deafening emptiness for your life,
for your comings and goings,
for your scheming triumphs
and your orchestrated victories,
for your frustrated body,
for you, naked, helpless and defeated
even though you might be the closest thing to freedom
that I've savored from the ground up,
an incurable spell,

un abrazo inherente a tu lápida,
tus ojitos tristes
llamándome ambulancia,
el olor de tus pestañas
pidiéndome ayuda,
mis ganas de dormir a tu lado...

Que no.
No me gustas.

Cállate.
Deja tu sexo a un lado.
Deja mi alma al otro.

Que no me gustas.

Es insoportable
tu caminar por las azoteas,
esa forma canina
de tropezar en mi tejado
y traerme tus heridas.
Es totalmente insoportable
el olor a asfalto que dejan tus huidas.
Hay tantos cadáveres
bailando en tu tumba
que creo que estoy muerta,
esperando a que suene la música.

No me gustas. Pese a lo que viene después.

Porque no es por ti,
mi amor.

an embrace inherent in your headstone,
your little sad eyes
calling me an ambulance,
the fragrance of your eyelashes
asking me for help,
my desire to sleep at your side...

Oh no.
I don't like you.

Shut up.
Leave your sex to one side.
Leave my soul on the other.

I really don't like you.

Your walking about the roof
is unbearable,
your crazy way
of stumbling on my roof tiles
and bringing me your wounds.
The smell of asphalt left behind by your escapes
is totally unbearable.
There are so many cadavers
dancing on your tomb
that I take myself for dead,
waiting for the music to start.

I don't like you. In spite of what comes afterwards.

Because it's not about you,
my love.

No eres tú,
es la poesía.

It's not you,
it's poetry.

RESCATE

Si no existieras tú,
si fueras, no sé,
un tirabuzón trenzado,
una dicotomía entre tu alma y tu cuerpo,
ganas que se quedan en ganas.
Si fueras, cómo decirlo,
alguien que se ajusta a los límites de los días,
una sospecha,
un intento.

Si no existieras tú,
si fueras otra cosa
con tu misma cara, voz y manos,
pero otra cosa,
en mi fin y en tu cabo,
te atravesaría entera,
te rompería las barreras,
te cruzaría de norte a sur pisando tu brújula
como el náufrago que traspasa bosques para llegar al mar
y te habitaría con mis barcos
en la proa de tu esencia
esperando
sin ningún tipo de duda
ni tiempo
el rescate.

RESCUE

If you didn't exist,
if you were, I don't know,
a plaited pigtail,
a dichotomy between your body and your soul,
desire that persists as desire.
If you were, how to say this,
someone who adjusts to the limits of the days,
a suspicion,
an attempt.

If you didn't exist,
if you were something else
with your same face, voice and hands,
but something else,
in my aim and your end,
I would pass through you entirely,
I would break down your barriers,
I would cross over you from north to south traipsing on your compass
like the castaway who passes through forests to reach the sea
and I would inhabit you with my ships
on the prow of your essence
waiting
without any kind of doubt
or time
for your rescue.

Día Doce sin ti:
he conocido a alguien,
soy yo.
Voy a darme una oportunidad.

Day Twelve without you:
I've met someone,
it's me.
I'm going to give myself a chance.

DOBLE O NADA

Todos estamos enamorados.
Solo algunos estamos despiertos

El amor es un paréntesis abierto.

- ¿Me quieres?
- Más que a mi vida, dijo el suicida.

Supe que aún la quería
porque la odiaba con una brutalidad de ensueño.
Supe que ya no la quería
porque el odio desapareció.
Doble o nada.

Sé que me haces feliz
porque mi tristeza no te reconoce.

Estaba tan guapa que me hizo dudar:
¿Iba a quererla por fuera

DOUBLE OR NOTHING

We are all in love,
except that some of us are awake.

Love is an open parenthesis.

- Do you love me?
- More than my own life, said the suicidal one.

I knew that I still loved her
because I hated her with an amazing brutality.
I knew that I no longer loved her
because the hatred disappeared.
Double or nothing.

I know that you make me happy
because my sadness doesn't recognize you.

She was so pretty that she made me reflect:
was I going to love her on the outside

o a quererme por dentro?

La quería con la eternidad que concede
la brevedad de un momento inolvidable.

Cuando te atreviste a leerme
yo ya estaba en otro libro.

Pasábamos tanto tiempo juntas
que creíamos que no hacíamos otra cosa.
Nos equivocábamos.
Lo estábamos haciendo todo.

Me pidió que le escribiera
un poema de amor.
Dibujé un pájaro
y se fue.

No hay peor forma de olvidarse
que desconocerse.

or love myself from within?

I loved her with the eternity granted
by the brevity of an unforgettable moment.

When you got up the courage to read me
I was already in another book.

We spent so much time together
that we thought that we weren't doing anything else.
We were wrong.
We were doing everything.

She asked me to write her
a love poem.
I sketched a bird,
and she went away.

There's no worse way to forget yourself
than to not recognize yourself.

Eres un ángel caído,
pero tú me enseñaste a volar
y ese es motivo suficiente
para que te vuelvas a levantar.

Tiendo a reconciliarme con mi mundo
cuando veo a alguien hablando solo
en voz alta: una soledad menos.

Soy igual de débil e igual de fuerte
que una flor en medio de un campo en ruinas.

Comparto mi soledad con mi espalda;
por eso siempre estoy en constante
huida: solo me abrazo.

Mis ojeras son sueños desbordados
desde que me besaste los párpados.

Te empeñaste en ser la primera
y lo fuiste,

You're a fallen angel,
but you taught me to fly
and that's reason enough
for you to rise up once again.

I tend to make peace with my world
when I see someone talking alone
out loud: one less case of solitude.

I'm just as weak and just as strong
as a flower in the middle of a field in ruins.

I share my solitude with my back;
that's why I'm always in constant
flight: I only hug myself.

The circles under my eyes are overflowing with dreams
ever since you kissed my eyelids.

You insisted on being the first one
and you were,

pero no te diste cuenta de que en el amor
quien gana siempre
es quien llega último.

Te quiero hasta que me demuestres lo contrario.

El olvido es un estado de putrefacción.

No se trata de andar mirando al suelo,
sino de caminar buscando sus huellas.

Entender un abrazo por la espalda
como si un cuerpo fuese causa
y el otro cuerpo efecto.

Desde que te cobija,
mi espalda entera es una herida.

La vida me sonríe y tiene sus dientes.

but you didn't realize that in love
the one who always wins
is the one who gets there last.

I'll love you until you show me the contrary.

Oblivion is a state of putrefaction.

It's not a matter of walking staring at the ground,
but of traveling searching for her footsteps.

To understand an embrace from behind
as if one body was the cause
and the other body the effect.

Since I've taken you in,
my whole back is a wound.

Life smiled at me and it has her teeth.

Hay momentos en los que la vida
te coloca a la misma distancia
de huir o quedarte para siempre.

La paz no es la ausencia de ruidos,
es escucharlos y convertirlos en silencio.

Ellos luchan por demostrar que son
los mejores escritores.
Yo solo intento probar
que mis musas son otras.

Escribir es de cobardes;
pura valentía, el amor.
Todo junto, poesía.

Dos personas olvidándose
solo están queriéndose de otra manera.
El olvido llega con la soledad,
cuando uno es solo uno
y no hay hueco para otro.

There are moments in which life
places you at the same distance
between fleeing and staying forever.

Peace isn't the absence of noise,
it's hearing it and turning it into silence.

They struggle to show that they are
the best writers.
I only try to prove
that my muses are others.

Writing is for cowards;
raw courage, love.
Joined together, poetry.

Two people forgetting each other
are only loving each other in a different way.
Forgetting comes with solitude,
when one is only one
and there isn't a place for another.

ÍNDICE
CONTENTS

ELVIRA SASTRE (Segovia, 1992). Elvira lives in Madrid where she has recently received her M.A. in Literary Translation. Since the age of fifteen, when she garnered her first poetry prize, she has published poems in her blog and in several poetry reviews. In 2012 she published *Forty-Three Ways to Pull Your Hair Out*, a collection of poems that was very well received by her readers. *Bastion*, her second book of poetry, has been an instant success in Spain. It is offered here in a bilingual format.